당회록

무엇이든지 전에 기록된 바는 우리의 교훈을 위하여
기록된 것이니 우리로 하여금 인내로 또는 성경의 위로로
소망을 가지게 함이니라
롬 15:4

_______________ 교회

당회록 구성 목차

1장 당회록 가이드

2장 당회록 양식

■ 당회록 검부

당회록 가이드

1. 당회서기의 역할

서기는 당회의 회무 진행을 기록하고, 회원과 출석 명부를 보관한다. 또 그 기록을 조심스럽게 보존하며, 교회의 다른 치리회가 요구할 때 거기에서 발췌한 기록을 제공해야 한다. 서기의 발췌 기록은 교회의 어느 치리회에서나 확실한 증거가 되어야 한다.

당회서기는 당회가 정한 임기 동안 일하도록 당회에서 선출된 장로여야 한다. 노회, 대회 및 총회의 서기는 정서기라고 부른다. 당회서기는 정해진 임기 동안 시무하도록 당회에 의해서 선출되며, 그 당회의 회원 자격이 있어야 한다.

■ 당회서기의 다른 역할들

– 목사/당회장의 도우미

– 목사/당회장이 신뢰할 수 있는 상담자

– 당회장과 더불어 회의일정(안건) 작성자

– 교회(회중)의 역사에 밝은 자

– 회의진행 자문

– 조언자

– 중립/신뢰받는 자

– 교단에 충실한 사역자

– 장로교 헌법/정치 해석가

– 솔선수범하는 자

2. 당회서기와 당회

당회 회의에 앞서 당회서기가 해야 할 일은 다음과 같다.

▪ 당회장과 함께 회의에서 다룰 안건 요약 자료 작성

▪ 회의 소집통지서 발송

소집통지서와 함께 정기당회 일시를 알리면서 위원장들에게 보고서 제출 마감일을 상기시켜야 한다. 임시당회 소집일 때 소집 안건을 명시하여 보내야 한다. 효율적인 회의를 위해서 소집 안건에 제안된 동의안의 요지를 부가하도록 한다. 이 안건들은 긴급히 논해야 하는 사안임을 서기는 명심하도록 한다. 정기당회에서 다루어도 시간적으로 문제가 없는 안건들이라면 소집 요청자와 상의하여 되도록 임시당회를 피하는 것이 교회에 도움이 된다.

▪ 당회 회의에서 다룰 모든 안건과 보고는 반드시 서면 제출

안건은 교회 역사 기록에 남는 것이다. 보고는 안내광고이거나 지난 회의에서 결의한 사안의 진행 보고와 결의가 필요없는 보고부터 한다. 결의가 필요한 각종 헌의안 혹은 보고는 맨 나중에 처리한다.

당회록에는 결의안만 기록한다. 회원들이 결의안에 재청자가 누구인지와 같은 기록이 필요하다고 결의하지 않았다면 기록하지 않는다. 결의 사안만 기록할 때 그 동의안에 대한 요약 설명 첨부도 잊지 않는다.

3. 당회 회의로 모였을 때

당회서기는 다음 항목을 갖추었는지 확인한다.

- 교회 회칙
- 최신개정판 만국통상회의법
- 당회 회원명부
- 올해 당회 당회록
- 미결 사안들

4. 당회 회의 진행

■ 당회의 진행 중에는……

- 일반적으로 당회는 당회장 없이 회의할 수 없다. 당회장은 통상적으로 노회에 의해 그 교회에 취임된 담임목사이다. 당회장이 참석할 수 없다면 당회장이 그 교회가 속한 노회 경내의 목사를 초청하여 회의 사회를 맡기거나 당회원에서 한 명을 지명하여 사회를 맡길 수 있다. 담임목사가 공석인 교회는 노회가 당회장을 파송한다.
- 정족수는 담임목사나 다른 사회자와 장로의 1/3이어야 하되, 당회장과 당회원 장로 2명 이하여서는 안 된다. 단, 교인을 받아들이거나 떠나게 할 경우에는 당회장과 당회원 2명으로 정족수를 삼을 수 있다. 담임목사 외 부목사, 임명목사 등 아무리 많은 숫자의 목사가 참석했더라도 장로 회원 2명이 불참하면 그 회의는 무효다.
- 당회에서 다루어질 동의안은 모두 결의를 요구한다. 서기는 결의가 필요한 동의안을 되도록 서면으로 제출하게 한다. 회의 중에 서면으로 제출되지 않은 동의안은 다루지 않는 것이 좋다. 원 동의안 요청자는 이름을 밝히고 동의 안건과 안건의 요약 설명을 함께 적는다.

■ 동의안은?

1) 무엇을 성취할 것인가?
2) 누가 할 것인가?
3) 이 일을 언제 마무리 지을 것인가, 최종보고서는 언제인가?
4) 이 일을 성취하기 위해 드는 비용 총액이 얼마인가?
5) 어디서 경비를 조달할 것인가?

■ 당회 회의를 마친 후

당회서기는 당회 회의를 마친 후 즉시 다음과 같이 마무리한다.

당회록에 별첨은 인정하지 않으므로 사본을 남겨 당회록 내용 다음 쪽에 삽입한다. 이를테면 당회록 19쪽에 들어갈 별첨은 복사하여 20쪽으로 들어가게 한다. 별첨으로는 다음과 같은 내용이 들어갈 수 있다.

– 당회가 결의한 회원과 등록

– 당회의 결의와 관계되는 각종 공문 내용

– 당회 당회록 및 명부와 관계되는 교회사무실 직원 감독 내용

5. 당회록 기입 내용

1. 날짜, 시간, 장소, 그리고 정기당회인지 임시당회인지 회의 성격 명시
2. 회의 시작기도
3. 회의 사회자(일반적으로 담임목사가 당회장으로 사회를 맡지만 경우에 따라 임시목사/노회지정목사/목회위원회가 파송한 당회장/담임목사 초청에 의한 같은 노회 목사)의 이름과 담임목사가 아닌 경우 설명을 첨부한 기록
4. 장로 출석, 결석, 유고 기록(출석한 장로 이름만 기록하지 말고, 결석 및 사전 통지에 의한 결석자 명단을 다 기록한다)
5. 회의 정족수 성립기록(당회는 규정한 정족수보다 높은 정족수를 결의할 수 있다)
6. 전 당회록 승인에 대한 결의 수정은 할 수 없다. 공동의회 폐회 시 당회록 채택을 하지 못했을 때 당회가 다음 공동의회에 보고한다는 전제로 그 당회록을 채택할 수도 있다.
7. 공동의회록
8. 회의 동의안을 모두 기록한다. 회의 기록은 결의 내용만을 기록하되, 간단한 설명을 부가한다. 각 위원회 보고 시 당회가 그 보고의 설명을 당회록에 기록을 남길 것을 지시하기로 결의하면 필요한 설명을 기록하지만 일반적으로 결의되지 않은 것은 기록하지 않는다.
9. 회의 마감기도
10. 당회록에 들어갈 당회서기와 당회장 서명(공동의회록은 공동의회장과 서기의 서명이 반드시 기록되어야 한다)

6. 기록 시 유의 사항

■ 신속한 작성

회의가 끝나고 가능한 한 빨리 작성한다. 내용이 머릿속에 생생하게 있을 때 기록해야 정확한 기록이 될 수 있다. 발의 요약본도 회의를 마무리한 후 빠른 시일 안에 참석자들에게 전달해야 한다.

■ 의장과 가까운 자리에 착석

서기는 가능한 한 의장과 가까운 자리에 앉도록 한다. 회의의 전체 흐름을 더 잘 파악할 수 있고, 혹여 추가적인 설명을 요청할 때도 목소리를 크게 내지 않을 수 있기 때문이다.

■ 발의 내용 기록

현장에서 모든 주요 내용을 기록하기가 어렵다면, 발의자가 본인이 발의한 내용을 별도로 기록하도록 요청한다.

■ 정확한 발언 요청

회의가 진행되는 동안 정확하지 않은 부분이 있다면, 중간에 명확한 설명을 요청하도록 한다.

■ 순서에 따른 기록

회의의 진행 순서에 따라 기록한다. 같은 주제를 여러 번에 걸쳐 논의했다면, 같이 묶어서 기록할 필요는 없다.

■ 간단명료한 기록

작성은 장황하게 하지 않는다. 토론에 대한 기록 요청을 받았어도 가능한 한 논점을 중심으로 간단명료하게 기록한다. 주요 논의 사항만 기재하며 불필요한 내용으로 당회록을 채울 필요는 없다. 또 서기의 개인 해석이나 감정이 개입돼서는 안 된다.

7. 반드시 보관해야 하는 기록 목록

당회가 꼭 보관해야 하는 기록들은 물과 불에서 안전한 교회 장소에 보관하되 개인의 집에 보관하지 말아야 한다. 다음이 꼭 보관해야 하는 기록 목록이다.

1. 당회 당회록
2. 공동의회록
3. 교인명부
4. 법인체 정관
5. 법인체 등록증
6. 교회 회칙
7. 재정수입/지출 장부
8. 연례재정보고
9. 연례재정감사
10. 은행잔고기록
11. 지출 취소 수표
12. 보험들
13. 각종 증서들
14. 직원 주소록
15. 임대계약서
16. 집사회 당회록 및 보고서들
17. 교회학교 당회록 및 보고서들
18. 남여선교회 당회록들

***기타 보관 권장 기록들**

1. 사진첩
2. 교회 주소록
3. 교회 소식지
4. 기념 출판물
5. 교회 주보
6. 목사 이력서 및 사진들

8. 기록 수정

잘못 기입한 내용은 찢거나 훼손해서는 안 되며 화이트로 지우지 않는다.

잘못 기록된 부분은 붉은 선으로 긋고 서명한 뒤 정정 내용을 기록한다.

2장

당회록 양식

당회록 검부

	사 항	예	아니오
1	당회록 장마다 일련번호가 기입되어 있는가?		
2	첨부 문건이 있는가?		
3	당회 결의로 교인명부에 이름을 올리거나 삭제한 기록이 있는가?		
4	안수, 취임, 위임 날짜와 장소 기록이 당회록에 있는가?		
5	최소 3개월에 1회 당회로 모였는가?		
6	회의 때마다 회의 날짜, 시간, 장소, 당회장과 당회서기의 서명이 있는가?		
7	임시당회 소집시 합리적인 소집이유를 통고한 기록이 있는가?		
8	회의를 기도로 시작하고 기도로 폐회한 기록이 있는가?		
9	전 당회록(당회록/공동의회록)을 승인한 기록이 있는가?		
10	회의에서 각 위원회 보고를 받은 기록이 있는가?		
11	당회는 노회 상회, 선교비, 목사 연금을 포함한 연차 예산을 승인한 기록이 있는가?		
12	당회는 매년 직원 보수의 타당성을 비롯한 공정한 인사 정책을 시행한 기록이 있는가?		
13	피택 제직에 대한 당회의 시취 기록이 있는가?		
14	당회는 교인명부를 매년 검토한 기록이 있는가?		
15	당회는 성례전을 1년에 4회 이상 거행한 기록이 있는가?		
16	당회는 성례전에 참석하지 못한 교인들(환자, 노약자 등)을 방문하여 성례전을 거행한 기록이 있는가?		
17	성찬예식의 분병, 분잔 위원 명단 기록이 있는가?		
18	당회의 결의로 연례 및 임시 공동의회를 소집한 기록이 있는가?		
19	공동의회 개회 성수를 기록하였는가?		
20	공동의회록을 차기 당회에서 승인한 기록이 있는가?		
21	공동의회록에 당회장과 당회서기의 서명이 있는가?		
22	공동의회록에 목사에 관한 사안(목회관계, 보수, 연금의 변동)에 관한 기록이 있는가?		
23	공동의회록에 공천위원회가 선출된 기록이 있는가?		
24	공동의회에서 장로, 집사 선출 및 연조를 설정한 기록이 있는가?		
25	장로, 집사 선출에 있어서 성별, 연령, 신체장애자를 포함한 기록이 있는가?		
26	당회서기와 회계를 매년 당회에서 선출한 기록이 있는가?		
27	교회재정 장부와 기록을 매년 공인회계사 혹은 재정절차에 밝은 사람으로 구성된 위원회의 재정감사를 받은 기록이 있는가?		
28	교회의 재산, 보험, 교회 직원 상해보험을 검토한 기록이 있는가?		
29	교회 건물 융자상환 기록이 있는가?		
30	당회는 노회 총대를 선출하고 그들의 보고를 받은 기록이 있는가?		
31	당회는 매년 총회에 연례통계보고서를 승인한 기록이 있는가?		
32	당회 혹은 교인을 상대로 상회 사법전권위원회로부터 징계 및 교정 여부에 관한 기록이 있는가?		
33	노회의 당회록 검부 후 시정 사항을 요구받아 기록을 수정한 기록이 있는가?		

당 회 록 1

일시	년 월 일(요일) 시 분		장소
예배	사회	찬송 장	기도
	성경	참석 외 명	제목
회무 처리 및 결의 사항			

회무 처리 및 결의 사항	※비고〈참석자〉
폐회	당회원 목사(장로)가 기도함으로 폐회하니 같은 날 시 분이었다.
	주 후 년 월 일 당회장 (인) 서 기 (인)

당 회 록 2

일시	년 월 일(요일) 시 분		장소
예배	사회	찬송 장	기도
	성경	참석 외 명	제목
회무 처리 및 결의 사항			

회무 처리 및 결의 사항	※비고 〈참석자〉			
폐회	당회원	목사(장로)가 기도함으로 폐회하니 같은 날	시	분이었다.

주 후 　년 　월 　일

당회장 　(인) 　서 기 　(인)

당 회 록 3

일시	년 월 일(요일) 시 분		장소
예배	사회	찬송 장	기도
	성경	참석 외 명	제목
회무 처리 및 결의 사항			

회무 처리 및 결의 사항	※비고〈참석자〉
폐회	당회원 목사(장로)가 기도함으로 폐회하니 같은 날 시 분이었다.

주 후 년 월 일

당회장 (인) 서 기 (인)

당 회 록 4

<table>
<tr><td>일시</td><td colspan="2">년 월 일(요일) 시 분</td><td>장소</td></tr>
<tr><td rowspan="2">예배</td><td>사회</td><td>찬송 장</td><td>기도</td></tr>
<tr><td>성경</td><td>참석 외 명</td><td>제목</td></tr>
<tr><td>회무
처리
및
결의
사항</td><td colspan="3"></td></tr>
</table>

회무 처리 및 결의 사항	※비고〈참석자〉
폐회	당회원 목사(장로)가 기도함으로 폐회하니 같은 날 시 분이었다.

주 후 년 월 일

당회장 (인) 서 기 (인)

당 회 록 5

일시	년 월 일(요일) 시 분		장소
예배	사회	찬송 장	기도
	성경	참석 외 명	제목
회무 처리 및 결의 사항			

회무 처리 및 결의 사항	※비고〈참석자〉
폐회	당회원 목사(장로)가 기도함으로 폐회하니 같은 날 시 분이었다.

주 후 년 월 일

당회장 (인) 서 기 (인)

당 회 록 6

일시	년 월 일(요일) 시 분		장소
예배	사회	찬송 장	기도
	성경	참석 외 명	제목
회무 처리 및 결의 사항			

회무 처리 및 결의 사항	 ※비고〈참석자〉
폐회	당회원　　　　　목사(장로)가 기도함으로 폐회하니 같은 날　　　　시　　　　분이었다.

주 후　　　　년　　　월　　　일

당회장　　　　　　(인)　　　　서 기　　　　　　(인)

당 회 록 7

일시	년 월 일(요일) 시 분		장소
예배	사회	찬송 장	기도
	성경	참석 외 명	제목
회무 처리 및 결의 사항			

<table>
<tr><td>회무
처리
및
결의
사항</td><td>※비고〈참석자〉</td></tr>
<tr><td>폐회</td><td>당회원 목사(장로)가 기도함으로 폐회하니 같은 날 시 분이었다.</td></tr>
<tr><td colspan="2">주 후 년 월 일

당회장 (인) 서 기 (인)</td></tr>
</table>

당 회 록 8

일시	년 월 일(요일) 시 분		장소
예배	사회	찬송 장	기도
	성경	참석 외 명	제목
회무 처리 및 결의 사항			

회무 처리 및 결의 사항	
	※비고〈참석자〉

당회원	목사(장로)가 기도함으로 폐회하니 같은 날	시	분이었다.
주 후	년 월 일		
당회장	(인)	서 기	(인)

당 회 록 9

일시	년 월 일(요일) 시 분		장소
예배	사회	찬송 장	기도
	성경	참석 외 명	제목
회무 처리 및 결의 사항			

회무 처리 및 결의 사항	※비고〈참석자〉
폐회	당회원 목사(장로)가 기도함으로 폐회하니 같은 날 시 분이었다.

주 후 년 월 일

당회장 (인) 서 기 (인)

당 회 록 10

일시	년 월 일(요일) 시 분		장소
예배	사회	찬송 장	기도
	성경	참석 외 명	제목
회무 처리 및 결의 사항			

회무 처리 및 결의 사항	※비고 〈참석자〉
폐회	당회원 목사(장로)가 기도함으로 폐회하니 같은 날 시 분이었다.

주 후 년 월 일

당회장 (인) 서 기 (인)

당 회 록 11

일시	년　　월　　일(　요일)　　시　　분		장소
예배	사회	찬송　　　　장	기도
	성경	참석　　외　　명	제목
회무 처리 및 결의 사항			

회무 처리 및 결의 사항	※비고〈참석자〉
폐회	당회원 목사(장로)가 기도함으로 폐회하니 같은 날 시 분이었다.

주 후 년 월 일

당회장 (인) 서 기 (인)

당 회 록 12

일시	년 월 일(요일) 시 분		장소
예배	사회	찬송 장	기도
	성경	참석 외 명	제목
회무 처리 및 결의 사항			

<table>
<tr><td>회무
처리
및
결의
사항</td><td>

※비고 〈참석자〉</td></tr>
<tr><td>폐회</td><td>당회원 목사(장로)가 기도함으로 폐회하니 같은 날 시 분이었다.</td></tr>
<tr><td colspan="2">주 후 년 월 일

당회장 (인) 서 기 (인)</td></tr>
</table>

당 회 록 13

일시	년 월 일(요일) 시 분		장소
예배	사회	찬송 장	기도
	성경	참석 외 명	제목
회무 처리 및 결의 사항			

회무 처리 및 결의 사항	
	※비고〈참석자〉

당회원 목사(장로)가 기도함으로 폐회하니 같은 날 시 분이었다.

주 후 년 월 일

당회장 (인) 서 기 (인)

당 회 록 14

일시	년 월 일(요일) 시 분		장소
예배	사회	찬송 장	기도
	성경	참석 외 명	제목
회무 처리 및 결의 사항			

회무 처리 및 결의 사항	※비고〈참석자〉

당회원　　　　　　목사(장로)가 기도함으로 폐회하니 같은 날　　　　　시　　　　　분이었다.

당회록 15

일시			장소
예배	사회	찬송 장	기도
	성경	참석 외 명	제목

회무 처리 및 결의 사항	※비고〈참석자〉
폐회	당회원 목사(장로)가 기도함으로 폐회하니 같은 날 시 분이었다.

주 후 년 월 일

당회장 (인) 서 기 (인)

당 회 록 16

<table>
<tr><td>일시</td><td colspan="2">년 월 일(요일) 시 분</td><td>장소</td></tr>
<tr><td rowspan="2">예배</td><td>사회</td><td>찬송 장</td><td>기도</td></tr>
<tr><td>성경</td><td>참석 외 명</td><td>제목</td></tr>
<tr><td>회무
처리
및
결의
사항</td><td colspan="3"></td></tr>
</table>

회무 처리 및 결의 사항	※비고〈참석자〉
폐회	당회원 목사(장로)가 기도함으로 폐회하니 같은 날 시 분이었다.

주 후 년 월 일

당회장 (인) 서 기 (인)

당 회 록 17

일시	년 월 일(요일) 시 분		장소
예배	사회	찬송 장	기도
	성경	참석 외 명	제목
회무 처리 및 결의 사항			

회무 처리 및 결의 사항	
	※비고〈참석자〉
당회원	목사(장로)가 기도함으로 폐회하니 같은 날 시 분이었다.
주 후	년 월 일
당회장	(인) 서 기 (인)

당 회 록 18

일시	년 월 일(요일) 시 분		장소
예배	사회	찬송 장	기도
	성경	참석 외 명	제목
회무 처리 및 결의 사항			

회무 처리 및 결의 사항	※비고〈참석자〉
폐회	당회원 목사(장로)가 기도함으로 폐회하니 같은 날 시 분이었다.
	주 후 년 월 일
	당회장 (인) 서 기 (인)

당 회 록 19

일시	년 월 일(요일) 시 분		장소
예배	사회	찬송 장	기도
	성경	참석 외 명	제목
회무 처리 및 결의 사항			

회무 처리 및 결의 사항	※비고〈참석자〉
폐회	당회원 목사(장로)가 기도함으로 폐회하니 같은 날 시 분이었다.

주 후 년 월 일

당회장 (인) 서 기 (인)

당 회 록 20

일시	년 월 일(요일) 시 분		장소
예배	사회	찬송 장	기도
	성경	참석 외 명	제목
회무 처리 및 결의 사항			

회무 처리 및 결의 사항	
	※비고〈참석자〉
폐회	당회원 목사(장로)가 기도함으로 폐회하니 같은 날 시 분이었다.

주 후 년 월 일

당회장 (인) 서 기 (인)

당 회 록 21

일시	년 월 일(요일) 시 분		장소
예배	사회	찬송 장	기도
	성경	참석 외 명	제목
회무 처리 및 결의 사항			

회무 처리 및 결의 사항	※비고〈참석자〉
폐회	당회원 목사(장로)가 기도함으로 폐회하니 같은 날 시 분이었다.

주 후 년 월 일

당회장 (인) 서 기 (인)

당 회 록 22

일시	년 월 일(요일) 시 분		장소
예배	사회	찬송 장	기도
	성경	참석 외 명	제목
회무 처리 및 결의 사항			

회무 처리 및 결의 사항	※비고〈참석자〉
폐회	당회원 목사(장로)가 기도함으로 폐회하니 같은 날 시 분이었다.
	주 후 년 월 일
	당회장 (인) 서 기 (인)

당 회 록 23

일시	년 월 일(요일) 시 분		장소
예배	사회	찬송 장	기도
	성경	참석 외 명	제목
회무 처리 및 결의 사항			

회무 처리 및 결의 사항	※비고〈참석자〉
폐회	당회원 목사(장로)가 기도함으로 폐회하니 같은 날 시 분이었다.

주 후 년 월 일

당회장 (인) 서 기 (인)

당 회 록 24

일시	년 월 일(요일) 시 분		장소
예배	사회	찬송 장	기도
	성경	참석 외 명	제목
회무 처리 및 결의 사항			

회무 처리 및 결의 사항	※비고〈참석자〉
폐회	당회원 목사(장로)가 기도함으로 폐회하니 같은 날 시 분이었다.

주 후 년 월 일

당회장 (인) 서 기 (인)

당 회 록 25

일시	년 월 일(요일) 시 분		장소
예배	사회	찬송 장	기도
	성경	참석 외 명	제목
회무 처리 및 결의 사항			

※비고 〈참석자〉

당 회 록 26

일시	년 월 일(요일) 시 분		장소
예배	사회	찬송 장	기도
	성경	참석 외 명	제목
회무 처리 및 결의 사항			

회무 처리 및 결의 사항	※비고 〈참석자〉
폐회	당회원 목사(장로)가 기도함으로 폐회하니 같은 날 시 분이었다.

주 후 년 월 일

당회장 (인) 서 기 (인)

당 회 록 27

일시	년 월 일(요일) 시 분		장소
예배	사회	찬송 장	기도
	성경	참석 외 명	제목
회무 처리 및 결의 사항			

회무 처리 및 결의 사항	※비고〈참석자〉
폐회	당회원 목사(장로)가 기도함으로 폐회하니 같은 날 시 분이었다.

주 후 년 월 일

당회장 (인) 서 기 (인)

당 회 록 28

<table>
<tr><td>일시</td><td colspan="2">년 월 일(요일) 시 분</td><td>장소</td></tr>
<tr><td rowspan="2">예배</td><td>사회</td><td>찬송 장</td><td>기도</td></tr>
<tr><td>성경</td><td>참석 외 명</td><td>제목</td></tr>
<tr><td>회무 처리 및 결의 사항</td><td colspan="3"></td></tr>
</table>

회무 처리 및 결의 사항	※비고〈참석자〉
폐회	당회원 목사(장로)가 기도함으로 폐회하니 같은 날 시 분이었다.
	주 후 년 월 일 당회장 (인) 서 기 (인)

당 회 록 29

일시	년 월 일(요일) 시 분		장소
예배	사회	찬송 장	기도
	성경	참석 외 명	제목
회무 처리 및 결의 사항			

회무 처리 및 결의 사항	※비고〈참석자〉
폐회	당회원 목사(장로)가 기도함으로 폐회하니 같은 날 시 분이었다.

주 후 년 월 일

당회장 (인) 서 기 (인)

당 회 록 30

일시	년 월 일(요일) 시 분		장소
예배	사회	찬송 장	기도
	성경	참석 외 명	제목
회무 처리 및 결의 사항			

회무 처리 및 결의 사항	※비고〈참석자〉			
폐회	당회원	목사(장로)가 기도함으로 폐회하니 같은 날	시	분이었다.
	주 후	년 월 일		
	당회장	(인)	서 기	(인)

당 회 록 31

<table>
<tr><td>일시</td><td colspan="2">년 월 일(요일) 시 분</td><td>장소</td></tr>
<tr><td rowspan="2">예배</td><td>사회</td><td>찬송 장</td><td>기도</td></tr>
<tr><td>성경</td><td>참석 외 명</td><td>제목</td></tr>
<tr><td>회무
처리
및
결의
사항</td><td colspan="3"></td></tr>
</table>

회무 처리 및 결의 사항	
	※비고〈참석자〉

주 후 　　　년 　　월 　　일

당회장 　　　(인) 　　서 기 　　　(인)

당 회 록 32

<table>
<tr><td>일시</td><td colspan="2">년 월 일(요일) 시 분</td><td>장소</td></tr>
<tr><td rowspan="2">예배</td><td>사회</td><td>찬송 장</td><td>기도</td></tr>
<tr><td>성경</td><td>참석 외 명</td><td>제목</td></tr>
<tr><td>회무 처리 및 결의 사항</td><td colspan="3"></td></tr>
</table>

회무 처리 및 결의 사항	
	※비고〈참석자〉

당회원	목사(장로)가 기도함으로 폐회하니 같은 날	시	분이었다.
주 후	년 월 일		
당회장	(인)	서 기	(인)

당 회 록 33

일시	년 월 일(요일) 시 분		장소
예배	사회	찬송 장	기도
	성경	참석 외 명	제목
회무 처리 및 결의 사항			

회무 처리 및 결의 사항	 ※비고〈참석자〉
폐회	당회원 목사(장로)가 기도함으로 폐회하니 같은 날 시 분이었다.
	주 후 년 월 일 당회장 (인) 서 기 (인)

당 회 록 34

일시	년 월 일(요일) 시 분		장소
예배	사회	찬송 장	기도
	성경	참석 외 명	제목
회무 처리 및 결의 사항			

회무 처리 및 결의 사항	※비고〈참석자〉
폐회	당회원 목사(장로)가 기도함으로 폐회하니 같은 날 시 분이었다.

주 후 년 월 일

당회장 (인) 서 기 (인)

당 회 록 35

<table>
<tr><td>일시</td><td colspan="2">년 월 일(요일) 시 분</td><td>장소</td></tr>
<tr><td rowspan="2">예배</td><td>사회</td><td>찬송 장</td><td>기도</td></tr>
<tr><td>성경</td><td>참석 외 명</td><td>제목</td></tr>
<tr><td>회무
처리
및
결의
사항</td><td colspan="3"></td></tr>
</table>

회무 처리 및 결의 사항	※비고〈참석자〉
폐회	당회원 목사(장로)가 기도함으로 폐회하니 같은 날 시 분이었다.

주 후 년 월 일

당회장 (인) 서 기 (인)

당 회 록 36

일시	년 월 일(요일) 시 분		장소
예배	사회	찬송 장	기도
	성경	참석 외 명	제목
회무 처리 및 결의 사항			

회무 처리 및 결의 사항	※비고〈참석자〉
폐회	당회원 목사(장로)가 기도함으로 폐회하니 같은 날 시 분이었다.

주 후 년 월 일

당회장 (인) 서 기 (인)

당 회 록 37

일시	년 월 일(요일) 시 분		장소
예배	사회	찬송 장	기도
	성경	참석 외 명	제목
회무 처리 및 결의 사항			

회무 처리 및 결의 사항	※비고〈참석자〉
폐회	당회원 목사(장로)가 기도함으로 폐회하니 같은 날 시 분이었다.

주 후 년 월 일

당회장 (인) 서 기 (인)

당 회 록 38

일시	년 월 일(요일) 시 분		장소
예배	사회	찬송 장	기도
	성경	참석 외 명	제목
회무 처리 및 결의 사항			

회무 처리 및 결의 사항	※비고〈참석자〉
폐회	당회원 목사(장로)가 기도함으로 폐회하니 같은 날 시 분이었다.
	주 후 년 월 일
	당회장 (인) 서 기 (인)

당 회 록 39

<table>
<tr><td>일시</td><td colspan="2">년 월 일(요일) 시 분</td><td>장소</td></tr>
<tr><td rowspan="2">예배</td><td>사회</td><td>찬송 장</td><td>기도</td></tr>
<tr><td>성경</td><td>참석 외 명</td><td>제목</td></tr>
<tr><td>회무 처리 및 결의 사항</td><td colspan="3"></td></tr>
</table>

회무 처리 및 결의 사항	※비고〈참석자〉
폐회	당회원 목사(장로)가 기도함으로 폐회하니 같은 날 시 분이었다.

주 후 년 월 일

당회장 (인) 서 기 (인)

당 회 록 40

일시	년 월 일(요일) 시 분		장소
예배	사회	찬송 장	기도
	성경	참석 외 명	제목
회무 처리 및 결의 사항			

회무 처리 및 결의 사항	
	※비고〈참석자〉

당회원	목사(장로)가 기도함으로 폐회하니 같은 날	시	분이었다.
주 후	년 월 일		
당회장	(인)	서 기	(인)

당 회 록 41

일시	년 월 일(요일) 시 분		장소
예배	사회	찬송 장	기도
	성경	참석 외 명	제목
회무 처리 및 결의 사항			

회무 처리 및 결의 사항	
	※비고 〈참석자〉

당회원	목사(장로)가 기도함으로 폐회하니 같은 날	시	분이었다.
주 후	년 월 일		
당회장	(인)	서 기	(인)

당 회 록 42

일시	년 월 일(요일) 시 분		장소
예배	사회	찬송 장	기도
	성경	참석 외 명	제목
회무 처리 및 결의 사항			

회무 처리 및 결의 사항	※비고〈참석자〉
폐회	당회원 목사(장로)가 기도함으로 폐회하니 같은 날 시 분이었다.

주 후 년 월 일

당회장 (인) 서 기 (인)

당 회 록 43

일시	년 월 일(요일) 시 분		장소
예배	사회	찬송 장	기도
	성경	참석 외 명	제목
회무 처리 및 결의 사항			

회무 처리 및 결의 사항	※비고〈참석자〉			
폐회	당회원	목사(장로)가 기도함으로 폐회하니 같은 날	시	분이었다.

주 후 년 월 일

당회장 (인) 서 기 (인)

당 회 록 44

일시	년 월 일(요일) 시 분		장소
예배	사회	찬송 장	기도
	성경	참석 외 명	제목
회무 처리 및 결의 사항			

회무 처리 및 결의 사항	※비고〈참석자〉
폐회	당회원 목사(장로)가 기도함으로 폐회하니 같은 날 시 분이었다.

주 후 년 월 일

당회장 (인) 서 기 (인)

당 회 록 45

일시	년 월 일(요일) 시 분		장소
예배	사회	찬송 장	기도
	성경	참석 외 명	제목
회무 처리 및 결의 사항			

회무 처리 및 결의 사항	
	※비고〈참석자〉

당회원 목사(장로)가 기도함으로 폐회하니 같은 날 시 분이었다.

주 후 년 월 일

당회장 (인) 서 기 (인)

당 회 록 46

일시	년　월　일(　요일)　시　분		장소
예배	사회	찬송　장	기도
	성경	참석　외　명	제목
회무 처리 및 결의 사항			

회무 처리 및 결의 사항	※비고〈참석자〉
폐회	당회원 목사(장로)가 기도함으로 폐회하니 같은 날 시 분이었다.
	주 후 년 월 일
	당회장 (인) 서 기 (인)

당 회 록 47

일시	년 월 일(요일) 시 분		장소
예배	사회	찬송 장	기도
	성경	참석 외 명	제목
회무 처리 및 결의 사항			

회무 처리 및 결의 사항	※비고〈참석자〉
폐회	당회원 목사(장로)가 기도함으로 폐회하니 같은 날 시 분이었다.

주 후 년 월 일

당회장 (인) 서 기 (인)

당 회 록 48

<table>
<tr><td rowspan="1">일시</td><td colspan="2">년 월 일(요일) 시 분</td><td>장소</td></tr>
<tr><td rowspan="2">예배</td><td>사회</td><td>찬송 장</td><td>기도</td></tr>
<tr><td>성경</td><td>참석 외 명</td><td>제목</td></tr>
<tr><td>회무
처리
및
결의
사항</td><td colspan="3"></td></tr>
</table>

회무 처리 및 결의 사항	※비고〈참석자〉
폐회	당회원 목사(장로)가 기도함으로 폐회하니 같은 날 시 분이었다.

주 후 년 월 일

당회장 (인) 서 기 (인)

당 회 록 49

일시	년 월 일(요일) 시 분		장소
예배	사회	찬송 장	기도
	성경	참석 외 명	제목
회무 처리 및 결의 사항			

회무 처리 및 결의 사항	
	※비고〈참석자〉

당회원 목사(장로)가 기도함으로 폐회하니 같은 날 시 분이었다.

주 후 년 월 일

당회장 (인) 서 기 (인)

당 회 록 50

일시	년 월 일(요일) 시 분		장소
예배	사회	찬송 장	기도
	성경	참석 외 명	제목
회무 처리 및 결의 사항			

회무 처리 및 결의 사항	※비고〈참석자〉
폐회	당회원 목사(장로)가 기도함으로 폐회하니 같은 날 시 분이었다.

주 후 년 월 일

당회장 (인) 서 기 (인)

당 회 록 51

일시	년 월 일(요일) 시 분		장소
예배	사회	찬송 장	기도
	성경	참석 외 명	제목
회무 처리 및 결의 사항			

회무 처리 및 결의 사항	※비고〈참석자〉
폐회	당회원 목사(장로)가 기도함으로 폐회하니 같은 날 시 분이었다.

주 후 년 월 일

당회장 (인) 서 기 (인)

당 회 록 52

<table>
<tr><td>일시</td><td colspan="2">년 월 일(요일) 시 분</td><td>장소</td></tr>
<tr><td rowspan="2">예배</td><td>사회</td><td>찬송 장</td><td>기도</td></tr>
<tr><td>성경</td><td>참석 외 명</td><td>제목</td></tr>
<tr><td>회무 처리 및 결의 사항</td><td colspan="3"></td></tr>
</table>

회무 처리 및 결의 사항	※비고 〈참석자〉
폐회	당회원 목사(장로)가 기도함으로 폐회하니 같은 날 시 분이었다.
	주 후 년 월 일
	당회장 (인) 서 기 (인)

당 회 록 53

일시	년 월 일(요일) 시 분		장소
예배	사회	찬송 장	기도
	성경	참석 외 명	제목
회무 처리 및 결의 사항			

회무 처리 및 결의 사항	※비고〈참석자〉
폐회	당회원 목사(장로)가 기도함으로 폐회하니 같은 날 시 분이었다.
	주 후 년 월 일
	당회장 (인) 서 기 (인)

당 회 록 54

<table>
<tr><td>일시</td><td colspan="2">년 월 일(요일) 시 분</td><td>장소</td></tr>
<tr><td rowspan="2">예배</td><td>사회</td><td>찬송 장</td><td>기도</td></tr>
<tr><td>성경</td><td>참석 외 명</td><td>제목</td></tr>
<tr><td>회무
처리
및
결의
사항</td><td colspan="3"></td></tr>
</table>

회무 처리 및 결의 사항	
	※비고〈참석자〉

당회원	목사(장로)가 기도함으로 폐회하니 같은 날	시	분이었다.
주 후	년 월 일		
당회장	(인)	서 기	(인)

당 회 록 55

일시	년 월 일(요일) 시 분		장소
예배	사회	찬송 장	기도
	성경	참석 외 명	제목
회무 처리 및 결의 사항			

회무 처리 및 결의 사항	※비고 〈참석자〉
폐회	당회원　　　　목사(장로)가 기도함으로 폐회하니 같은 날　　　시　　　분이었다.
	주 후　　　년　　　월　　　일
	당회장　　　　(인)　　　서 기　　　　(인)

당 회 록 56

일시	년 월 일(요일) 시 분		장소
예배	사회	찬송 장	기도
	성경	참석 외 명	제목
회무 처리 및 결의 사항			

회무 처리 및 결의 사항	※비고〈참석자〉
폐회	당회원 목사(장로)가 기도함으로 폐회하니 같은 날 시 분이었다.

주 후 년 월 일

당회장 (인) 서 기 (인)

당 회 록 57

<table>
<tr><td>일시</td><td colspan="2">년 월 일(요일) 시 분</td><td>장소</td></tr>
<tr><td rowspan="2">예배</td><td>사회</td><td>찬송 장</td><td>기도</td></tr>
<tr><td>성경</td><td>참석 외 명</td><td>제목</td></tr>
<tr><td>회무 처리 및 결의 사항</td><td colspan="3"></td></tr>
</table>

회무 처리 및 결의 사항	
	※비고〈참석자〉

당회원 목사(장로)가 기도함으로 폐회하니 같은 날 시 분이었다.

주 후 년 월 일

당회장 (인) 서 기 (인)

당 회 록 58

일시	년 월 일(요일) 시 분		장소
예배	사회	찬송 장	기도
	성경	참석 외 명	제목
회무 처리 및 결의 사항			

회무 처리 및 결의 사항	※비고〈참석자〉
폐회	당회원 목사(장로)가 기도함으로 폐회하니 같은 날 시 분이었다.
	주 후 년 월 일 당회장 (인) 서 기 (인)

당 회 록 59

일시	년 월 일(요일) 시 분		장소
예배	사회	찬송 장	기도
	성경	참석 외 명	제목
회무 처리 및 결의 사항			

회무 처리 및 결의 사항	※비고〈참석자〉
폐회	당회원 목사(장로)가 기도함으로 폐회하니 같은 날 시 분이었다.

주 후 년 월 일

당회장 (인) 서 기 (인)

당 회 록 60

일시	년 월 일(요일) 시 분		장소
예배	사회	찬송 장	기도
	성경	참석 외 명	제목
회무 처리 및 결의 사항			

회무 처리 및 결의 사항	
	※비고 〈참석자〉
폐회	당회원 목사(장로)가 기도함으로 폐회하니 같은 날 시 분이었다.

주 후 년 월 일

당회장 (인) 서 기 (인)

당 회 록 61

일시	년 월 일(요일) 시 분		장소
예배	사회	찬송 장	기도
	성경	참석 외 명	제목
회무 처리 및 결의 사항			

회무 처리 및 결의 사항	
	※비고〈참석자〉

당회원	목사(장로)가 기도함으로 폐회하니 같은 날	시	분이었다.
주 후	년 월 일		
당회장	(인)	서 기	(인)

당 회 록 62

일시	년 월 일(요일) 시 분		장소
예배	사회	찬송 장	기도
	성경	참석 외 명	제목
회무 처리 및 결의 사항			

회무 처리 및 결의 사항	※비고〈참석자〉
폐회	당회원　　　　목사(장로)가 기도함으로 폐회하니 같은 날　　　시　　　분이었다.

주 후　　　　년　　　월　　　일

당회장　　　　　(인)　　　서 기　　　　　(인)

당 회 록 63

일시	년 월 일(요일) 시 분		
예배	사회	찬송 장	기도
	성경	참석 외 명	제목
회무 처리 및 결의 사항			

회무 처리 및 결의 사항	※비고〈참석자〉
폐회	당회원 목사(장로)가 기도함으로 폐회하니 같은 날 시 분이었다.

주 후 년 월 일

당회장 (인) 서 기 (인)

당 회 록 64

<table>
<tr><td>일시</td><td colspan="2">년 월 일(요일) 시 분</td><td>장소</td></tr>
<tr><td rowspan="2">예배</td><td>사회</td><td>찬송 장</td><td>기도</td></tr>
<tr><td>성경</td><td>참석 외 명</td><td>제목</td></tr>
<tr><td>회무 처리 및 결의 사항</td><td colspan="3"></td></tr>
</table>

회무 처리 및 결의 사항	※비고 〈참석자〉
폐회	당회원 목사(장로)가 기도함으로 폐회하니 같은 날 시 분이었다.

주 후 년 월 일

당회장 (인) 서 기 (인)

당 회 록 65

일시	년 월 일(요일) 시 분		장소
예배	사회	찬송 장	기도
	성경	참석 외 명	제목
회무 처리 및 결의 사항			

회무 처리 및 결의 사항	※비고〈참석자〉
폐회	당회원 목사(장로)가 기도함으로 폐회하니 같은 날 시 분이었다.

주 후 년 월 일

당회장 (인) 서 기 (인)

당 회 록 66

일시	년 월 일(요일) 시 분		장소
예배	사회	찬송 장	기도
	성경	참석 외 명	제목
회무 처리 및 결의 사항			

회무 처리 및 결의 사항	※비고〈참석자〉
폐회	당회원 목사(장로)가 기도함으로 폐회하니 같은 날 시 분이었다.

주 후 년 월 일

당회장 (인) 서 기 (인)

당 회 록 67

<table>
<tr><td>일시</td><td colspan="2">년 월 일(요일) 시 분</td><td>장소</td></tr>
<tr><td rowspan="2">예배</td><td>사회</td><td>찬송 장</td><td>기도</td></tr>
<tr><td>성경</td><td>참석 외 명</td><td>제목</td></tr>
<tr><td>회무
처리
및
결의
사항</td><td colspan="3"></td></tr>
</table>

회무 처리 및 결의 사항	※비고〈참석자〉
폐회	당회원 목사(장로)가 기도함으로 폐회하니 같은 날 시 분이었다.

주 후 년 월 일

당회장 (인) 서 기 (인)

당 회 록 68

일시	년　　월　　일(　　요일)　　시　　분		장소
예배	사회	찬송　　　　장	기도
	성경	참석　　　외　　명	제목
회무 처리 및 결의 사항			

회무 처리 및 결의 사항	※비고〈참석자〉
폐회	당회원 목사(장로)가 기도함으로 폐회하니 같은 날 시 분이었다.

주 후 년 월 일

당회장 (인) 서 기 (인)

당 회 록 69

일시	년 월 일(요일) 시 분		장소
예배	사회	찬송 장	기도
	성경	참석 외 명	제목
회무 처리 및 결의 사항			

회무 처리 및 결의 사항	
	※비고〈참석자〉

당회원 목사(장로)가 기도함으로 폐회하니 같은 날 시 분이었다.

주 후 년 월 일

당회장 (인) 서 기 (인)

당 회 록 70

일시	년 월 일(요일) 시 분		장소
예배	사회	찬송 장	기도
	성경	참석 외 명	제목
회무 처리 및 결의 사항			

회무 처리 및 결의 사항	※비고〈참석자〉
폐회	당회원 목사(장로)가 기도함으로 폐회하니 같은 날 시 분이었다.

주 후 년 월 일

당회장 (인) 서 기 (인)

당 회 록 71

일시	년 월 일(요일) 시 분		장소
예배	사회	찬송 장	기도
	성경	참석 외 명	제목
회무 처리 및 결의 사항			

회무 처리 및 결의 사항	※비고〈참석자〉
폐회	당회원 목사(장로)가 기도함으로 폐회하니 같은 날 시 분이었다.

주 후 년 월 일

당회장 (인) 서 기 (인)

당 회 록 72

일시	년 월 일(요일) 시 분		장소
예배	사회	찬송 장	기도
	성경	참석 외 명	제목
회무 처리 및 결의 사항			

회무 처리 및 결의 사항	
	※비고〈참석자〉

당회원 목사(장로)가 기도함으로 폐회하니 같은 날 시 분이었다.

주 후 년 월 일

당회장 (인) 서 기 (인)

당 회 록 73

일시	년 월 일(요일) 시 분		장소
예배	사회	찬송 장	기도
	성경	참석 외 명	제목
회무 처리 및 결의 사항			

<table>
<tr><td>회무
처리
및
결의
사항</td><td>※비고〈참석자〉</td></tr>
<tr><td>폐회</td><td>당회원 목사(장로)가 기도함으로 폐회하니 같은 날 시 분이었다.</td></tr>
<tr><td></td><td>주 후 년 월 일

당회장 (인) 서 기 (인)</td></tr>
</table>

당 회 록 74

일시	년 월 일(요일) 시 분		장소
예배	사회	찬송 장	기도
	성경	참석 외 명	제목
회무 처리 및 결의 사항			

회무 처리 및 결의 사항	※비고 〈참석자〉
폐회	당회원 목사(장로)가 기도함으로 폐회하니 같은 날 시 분이었다.
	주 후 년 월 일
	당회장 (인) 서 기 (인)

당 회 록 75

<table>
<tr><td>일시</td><td colspan="2">년 월 일(요일) 시 분</td><td>장소</td></tr>
<tr><td rowspan="2">예배</td><td>사회</td><td>찬송 장</td><td>기도</td></tr>
<tr><td>성경</td><td>참석 외 명</td><td>제목</td></tr>
<tr><td>회무
처리
및
결의
사항</td><td colspan="3"></td></tr>
</table>

회무 처리 및 결의 사항	※비고〈참석자〉
폐회	당회원 목사(장로)가 기도함으로 폐회하니 같은 날 시 분이었다.

주 후 년 월 일

당회장 (인) 서 기 (인)

당 회 록 76

일시	년 월 일(요일) 시 분		장소
예배	사회	찬송 장	기도
	성경	참석 외 명	제목
회무 처리 및 결의 사항			

회무 처리 및 결의 사항	※비고〈참석자〉
폐회	당회원 목사(장로)가 기도함으로 폐회하니 같은 날 시 분이었다.

주 후 년 월 일

당회장 (인) 서 기 (인)

당 회 록 77

<table>
<tr><td>일시</td><td colspan="2">년 월 일(요일) 시 분</td><td>장소</td></tr>
<tr><td rowspan="2">예배</td><td>사회</td><td>찬송 장</td><td>기도</td></tr>
<tr><td>성경</td><td>참석 외 명</td><td>제목</td></tr>
<tr><td>회무
처리
및
결의
사항</td><td colspan="3"></td></tr>
</table>

회무 처리 및 결의 사항	※비고〈참석자〉
폐회	당회원 목사(장로)가 기도함으로 폐회하니 같은 날 시 분이었다.

주 후 년 월 일

당회장 (인) 서 기 (인)

당 회 록 78

일시	년 월 일(요일) 시 분		장소
예배	사회	찬송 장	기도
	성경	참석 외 명	제목
회무 처리 및 결의 사항			

회무 처리 및 결의 사항	
	※비고〈참석자〉
당회원	목사(장로)가 기도함으로 폐회하니 같은 날 시 분이었다.
주 후	년 월 일
당회장	(인) 서 기 (인)

당 회 록 79

<table>
<tr><td>일시</td><td colspan="2">년 월 일(요일) 시 분</td><td>장소</td></tr>
<tr><td rowspan="2">예배</td><td>사회</td><td>찬송 장</td><td>기도</td></tr>
<tr><td>성경</td><td>참석 외 명</td><td>제목</td></tr>
<tr><td>회무
처리
및
결의
사항</td><td colspan="3"></td></tr>
</table>

회무 처리 및 결의 사항	 ※비고〈참석자〉
폐회	당회원 목사(장로)가 기도함으로 폐회하니 같은 날 시 분이었다.
	주 후 년 월 일 당회장 (인) 서 기 (인)

당 회 록 80

<table>
<tr><td>일시</td><td colspan="2">년 월 일(요일) 시 분</td><td>장소</td></tr>
<tr><td rowspan="2">예배</td><td>사회</td><td>찬송 장</td><td>기도</td></tr>
<tr><td>성경</td><td>참석 외 명</td><td>제목</td></tr>
<tr><td>회무 처리 및 결의 사항</td><td colspan="3"></td></tr>
</table>

회무 처리 및 결의 사항	※비고〈참석자〉
폐회	당회원 목사(장로)가 기도함으로 폐회하니 같은 날 시 분이었다.

주 후 년 월 일

당회장 (인) 서 기 (인)

당 회 록 81

일시	년 월 일(요일) 시 분		장소
예배	사회	찬송 장	기도
	성경	참석 외 명	제목
회무 처리 및 결의 사항			

회무 처리 및 결의 사항	※비고〈참석자〉
폐회	당회원 목사(장로)가 기도함으로 폐회하니 같은 날 시 분이었다.

주 후 년 월 일

당회장 (인) 서 기 (인)

당 회 록 82

일시	년 월 일(· 요일) 시 분		장소
예배	사회	찬송 장	기도
	성경	참석 외 명	제목
회무 처리 및 결의 사항			

회무 처리 및 결의 사항	※비고 〈참석자〉
폐회	당회원 목사(장로)가 기도함으로 폐회하니 같은 날 시 분이었다.
	주 후 년 월 일
	당회장 (인) 서 기 (인)

당 회 록 83

일시	년 월 일(요일) 시 분		장소
예배	사회	찬송 장	기도
	성경	참석 외 명	제목
회무 처리 및 결의 사항			

회무 처리 및 결의 사항	※비고〈참석자〉
폐회	당회원 목사(장로)가 기도함으로 폐회하니 같은 날 시 분이었다.

주 후 년 월 일

당회장 (인) 서 기 (인)

당 회 록 84

일시	년 월 일(요일) 시 분		장소
예배	사회	찬송 장	기도
	성경	참석 외 명	제목
회무 처리 및 결의 사항			

회무 처리 및 결의 사항	※비고 〈참석자〉
폐회	당회원 목사(장로)가 기도함으로 폐회하니 같은 날 시 분이었다.
	주 후 년 월 일
	당회장 (인) 서 기 (인)

당 회 록 85

일시	년 월 일(요일) 시 분		장소
예배	사회	찬송 장	기도
	성경	참석 외 명	제목
회무 처리 및 결의 사항			

회무 처리 및 결의 사항	※비고 〈참석자〉
폐회	당회원 목사(장로)가 기도함으로 폐회하니 같은 날 시 분이었다.

주 후 년 월 일

당회장 (인) 서 기 (인)

당 회 록 86

일시	년 월 일(요일) 시 분		장소
예배	사회	찬송 장	기도
	성경	참석 외 명	제목
회무 처리 및 결의 사항			

회무 처리 및 결의 사항	 ※비고〈참석자〉
폐회	당회원 목사(장로)가 기도함으로 폐회하니 같은 날 시 분이었다.
	주 후 년 월 일 당회장 (인) 서 기 (인)

당 회 록 87

일시	년 월 일(요일) 시 분		장소
예배	사회	찬송 장	기도
	성경	참석 외 명	제목
회무 처리 및 결의 사항			

회무 처리 및 결의 사항	※비고〈참석자〉
폐회	당회원 목사(장로)가 기도함으로 폐회하니 같은 날 시 분이었다.

주 후 년 월 일

당회장 (인) 서 기 (인)

당 회 록 88

<table>
<tr><td>일시</td><td colspan="2">년 월 일(요일) 시 분</td><td>장소</td></tr>
<tr><td rowspan="2">예배</td><td>사회</td><td>찬송 장</td><td>기도</td></tr>
<tr><td>성경</td><td>참석 외 명</td><td>제목</td></tr>
<tr><td>회무 처리 및 결의 사항</td><td colspan="3"></td></tr>
</table>

회무 처리 및 결의 사항	

※비고〈참석자〉

당회원 목사(장로)가 기도함으로 폐회하니 같은 날 시 분이었다.

주 후 년 월 일

당회장 (인) 서 기 (인)

당 회 록 89

일시	년 월 일(요일) 시 분		장소
예배	사회	찬송 장	기도
	성경	참석 외 명	제목
회무 처리 및 결의 사항			

회무 처리 및 결의 사항	※비고〈참석자〉
폐회	당회원 목사(장로)가 기도함으로 폐회하니 같은 날 시 분이었다.

주 후 년 월 일

당회장 (인) 서 기 (인)

당회록 90

<table>
<tr><td>일시</td><td colspan="2">년 월 일(요일) 시 분</td><td>장소</td></tr>
<tr><td rowspan="2">예배</td><td>사회</td><td>찬송 장</td><td>기도</td></tr>
<tr><td>성경</td><td>참석 외 명</td><td>제목</td></tr>
<tr><td>회무
처리
및
결의
사항</td><td colspan="3"></td></tr>
</table>

회무 처리 및 결의 사항	※비고〈참석자〉
폐회	당회원 목사(장로)가 기도함으로 폐회하니 같은 날 시 분이었다.

주 후 년 월 일

당회장 (인) 서 기 (인)

당 회 록 91

일시	년 월 일(요일) 시 분		장소
예배	사회	찬송 장	기도
	성경	참석 외 명	제목
회무 처리 및 결의 사항			

회무 처리 및 결의 사항	※비고〈참석자〉
폐회	당회원 목사(장로)가 기도함으로 폐회하니 같은 날 시 분이었다.
	주 후 년 월 일 당회장 (인) 서 기 (인)

당 회 록 92

일시	년 월 일(요일) 시 분		장소
예배	사회	찬송 장	기도
	성경	참석 외 명	제목
회무 처리 및 결의 사항			

회무 처리 및 결의 사항	※비고〈참석자〉
폐회	당회원 목사(장로)가 기도함으로 폐회하니 같은 날 시 분이었다.

주 후 년 월 일

당회장 (인) 서 기 (인)

당 회 록 93

일시	년 월 일(요일) 시 분		장소
예배	사회	찬송 장	기도
	성경	참석 외 명	제목
회무 처리 및 결의 사항			

회무 처리 및 결의 사항	※비고〈참석자〉
폐회	당회원 목사(장로)가 기도함으로 폐회하니 같은 날 시 분이었다.

주 후 년 월 일

당회장 (인) 서 기 (인)

당 회 록 94

일시	년 월 일(요일) 시 분		장소
예배	사회	찬송 장	기도
	성경	참석 외 명	제목
회무 처리 및 결의 사항			

회무 처리 및 결의 사항	※비고〈참석자〉
폐회	당회원 목사(장로)가 기도함으로 폐회하니 같은 날 시 분이었다.

주 후 년 월 일

당회장 (인) 서 기 (인)

당 회 록 95

일시	년 월 일(요일) 시 분		장소
예배	사회	찬송 장	기도
	성경	참석 외 명	제목
회무 처리 및 결의 사항			

<table>
<tr><td>회무
처리
및
결의
사항</td><td>※비고〈참석자〉</td></tr>
<tr><td>폐회</td><td>당회원 목사(장로)가 기도함으로 폐회하니 같은 날 시 분이었다.</td></tr>
<tr><td colspan="2">주 후 년 월 일

당회장 (인) 서 기 (인)</td></tr>
</table>

당 회 록 96

일시	년 월 일(요일) 시 분		장소
예배	사회	찬송 장	기도
	성경	참석 외 명	제목
회무 처리 및 결의 사항			

회무 처리 및 결의 사항	※비고〈참석자〉				
폐회	당회원	목사(장로)가 기도함으로 폐회하니 같은 날	시	분이었다.	

주 후 년 월 일

당회장 (인) 서 기 (인)

당회록

초판 1쇄 인쇄 2017 년 4 월 14 일
초판 2쇄 발행 2024 년 7 월 20 일

엮은이 편집부

펴낸이 한정숙
펴낸곳 선한청지기
등 록 제 313-2003-000358 호
주 소 서울특별시 마포구 동교로 12 길 41-13(서교동)
전 화 (02)322-2434
팩 스 (02)322-2083
블로그 http://blog.naver.com/kukminsteward
홈페이지 http://www.kukminpub.com

편 집 한수정, 임여진
디자인 블루디자인

기독교 총판 생명의 말씀사
ISBN 979-11-87022-14-5 13230